卓妍 著

18套
短线战法

经济日报出版社
北京

图书在版编目（CIP）数据

18套短线战法 / 卓妍著 . -- 北京：经济日报出版社 , 2024.9. -- ISBN 978-7-5196-1505-5

Ⅰ . F830.91

中国国家版本馆 CIP 数据核字第 2024TX5994 号

18 套短线战法

18 TAO DUANXIAN ZHANFA

卓 妍 著	
出　　版：	经济日报出版社
地　　址：	北京市西城区白纸坊东街 2 号院 6 号楼 710（邮编 100054）
经　　销：	全国新华书店
印　　刷：	北京文昌阁彩色印刷有限责任公司
开　　本：	880mm×1230mm　1/32
印　　张：	3
字　　数：	64 千字
版　　次：	2024 年 9 月第 1 版
印　　次：	2024 年 9 月第 1 次
定　　价：	59.00 元

本社网址：www.edpbook.com.cn，微信公众号：经济日报出版社

未经许可，不得以任何方式复制或抄袭本书的部分或全部内容，**版权所有，侵权必究**。

本社法律顾问：北京天驰君泰律师事务所，张杰律师 举报信箱：zhangjie@tiantailaw.com

举报电话：010-63567684

本书如有印装质量问题，请与本社总编室联系，联系电话：010-63567684

前　言

决心就是力量，心态源于修炼，技术在于训练。

当我们下定决心，一定要达到某个目标的时候，这个世界便没有什么可以阻止我们成功。

只有拥有纵横"股海"的过硬本领，才能使自己逐浪潮头。

将自己锻炼成一流高手的步骤：

第一步：认识自己，评估自己的现有实际水平；

第二步：在第一步的基础上制定补习专业知识的方向和内容；

第三步：确定自己想要达到的目标；

第四步：熟读并记住有用的技巧；

第五步：从实践中印证所学的东西，化书本知识为实战经验；

第六步：大量阅读图形和分析技术指标，大量模拟练习和预测，关注大盘分析，关注个股，把理由写清楚；

第七步：总结学习和实战成果，将其变成理论的依据，做到系统化和简单化。

以上便是快速提高自身水平的方法和步骤，只要做到就可以向一流的股票投资高手迈进。

CONTENTS 目 录

【第一招】抓住"龙头"不放松　　　　　　　　001

【第二招】多周期多概念共振法　　　　　　　　005

【第三招】"小阳小阳"踢出个"大阳"　　　　009

【第四招】"三金叉"买入法　　　　　　　　　013

【第五招】"四线合一""一线金叉"　　　　　017

【第六招】"龙回头"买入法　　　　　　　　　023

【第七招】"黄金坑"买入法　　　　　　　　　027

【第八招】借主力不费力"傍牛法"　　　　　　031

【第九招】"波段操作"抓黑马　　　　　　　　035

【第十招】"两阳夹一阴"买入法　　　　　　　041

【第十一招】"早盘拉升"介入法　　　　　　　045

【第十二招】连板主升浪战法　　　　　　　　　051

【第十三招】T字板战法　　　　　　　　　　　057

【第十四招】大阳抓涨停战法　　061

【第十五招】遍地黄金三角战法　　065

【第十六招】空中飞仙战法　　071

【第十七招】短线战法：回头望月　　077

【第十八招】像机构一样获利　　083

01

【第一招】抓住"龙头"不放松

【第一招】抓住"龙头"不放松

龙头股有哪些特征，如何发现龙头黑马呢？

我们可以回顾一下历史上龙头黑马的情况。

例如，2021年"九安医疗"，股价从6元一路升到80元（见下图）。

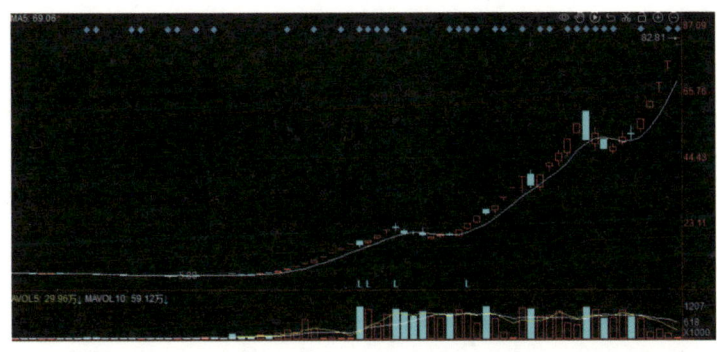

2022年"石英股份"，从50元涨至170元（见下图）。

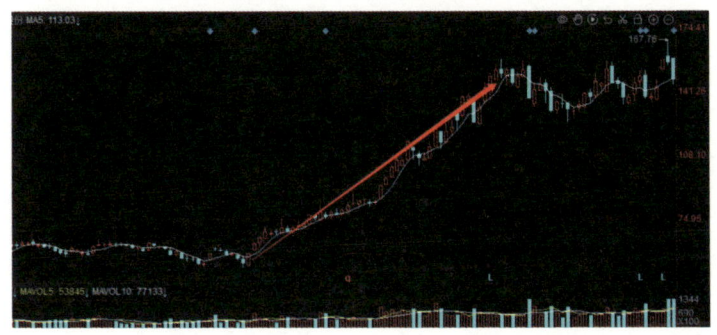

所谓"龙头黑马"是指庄家提前拉升的表现突出、涨势最勇猛的股票，大盘和其他股票的走势都会因它们的走势而受到很大的影响。龙头黑马都具有领涨的特征，在同一个板块当中只有一到两个属于龙头黑马。

一波行情中的龙头股之所以表现出色，是因为主力"建仓充分""控盘度高"，而主力要想充分建仓，提前下手是最好的方法。所以龙头股的基本特征可能表现为提前大盘见底：当大盘还在下跌时，龙头股已经开始放量盘升，当大盘见底转升（可以用五周均线勾头向上来判断）时，龙头股放量拉出长阳。也有些龙头不是暴涨型，而是先像蜗牛一样中线盘升，到最后才加速拉升，像鹰一样飞起、快速拔高，一波翻好几倍！伴随而来的成交量不断放大，最后，因量能无法放大而进入衰竭。在龙头黑马启动的开始就要盯住它，勇敢地介入，抱牢不放松，直到行情结束！

02

【第二招】多周期多概念共振法

【第二招】多周期多概念共振法

当一只股票周线、月线、日线都出现均线"金叉"的时候，这只股票很可能会出现加速上涨的特点。当24日"生命线"金叉72天决策线的时候，或者最近几天有多条均线都出现多头金叉的时候可以重点关注，成交量金叉会带动股票的上涨，也就是说多概念重叠在一只股票身上的时候要重点关注。我们研究市场热点的时候要注意运用这种多周期、多概念重叠产生的共振效应。对股票价格产生共同的、推动向上的作用力，这种就是多周期、多概念共振法。按照这种方法买入就比较容易获取短线利润。当投资者对一种概念或者均线金叉给投资者产生共鸣的时候，就是其股价加速上涨的时候。

多周期重要信号：黏合

神奇数字参数：13日均线、21日均线、34日均线、55日均线多头黏合。

所有均线黏合在一起形成多头向上现象，就像飞机起飞时要依托跑道做热身运动一样。

例如，601900 南方传媒 2023-02-21（见下图）。

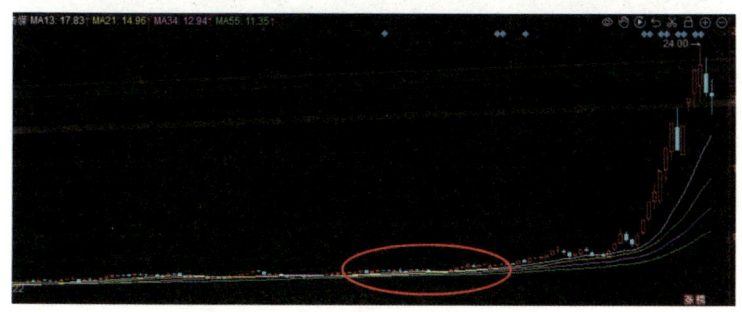

300624 万兴科技 2023-01-20（见下图）。

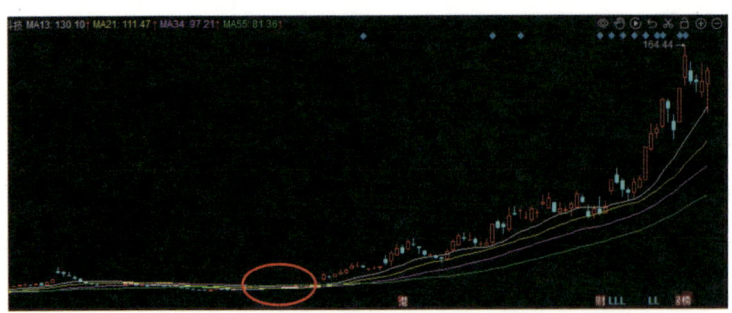

002315 焦点科技 2023-03-16（见下图）。

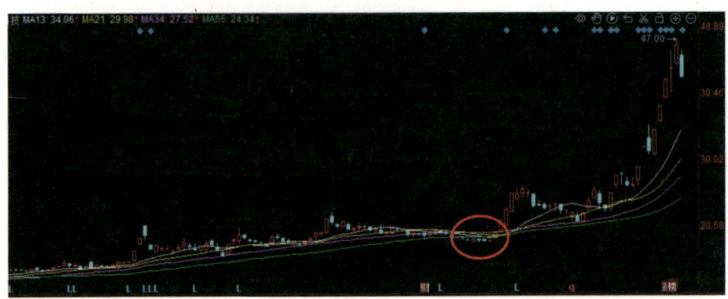

300114 中航电测 2023-01-09（见下图）。

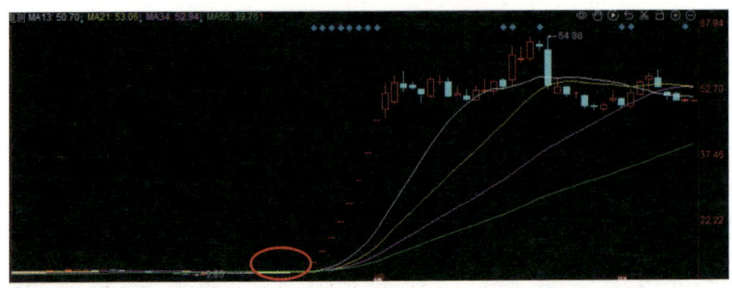

03

【第三招】"小阳小阳"踢出个"大阳"

【第三招】"小阳小阳"踢出个"大阳"

对于这种黑马类型来说最重要的特点就是 5 日均线的作用，小阳线不断出现的时候，很容易产生加速状态。这是比较容易掌握的短线股票投资方法。经常出现连续阳线的股票，趋势一旦确定就有一段连续阳线的涨幅，甚至到后面出现涨停。这种是对 K 线图完美的趋势化、简单化、标准化之后的操作技法。每天比昨天进步一点点，如果涨幅每天多一点点，K 线就会变成很漂亮的弧形，实体也变长，阳线最后就脱离 5 日线加速拉升了。通常这种方法在行情震荡盘升的情况下比较容易出现。

如何从几千只股票里把符合第三招的"小阳小阳"踢出个大阳的股票找出来呢？我们可以利用如下条件进行选股：

（1）把连续 3 天收阳线的股票找出来。然后按照 MACD、KDJ 成交量均线多头的方法筛选。

（2）对阶段行情统计，把最近 8 天涨幅排名列出来，然后按照我们教大家的方法一个一个往下筛选。成交量温和放大，短期 5 日均线呈现多头排列，同时 K 线紧贴着 5 日均线向上运行的股票。

对于形态很好，涨幅不是很大的股票可以短线关注。

例如，301052 果麦文化（见下图）。

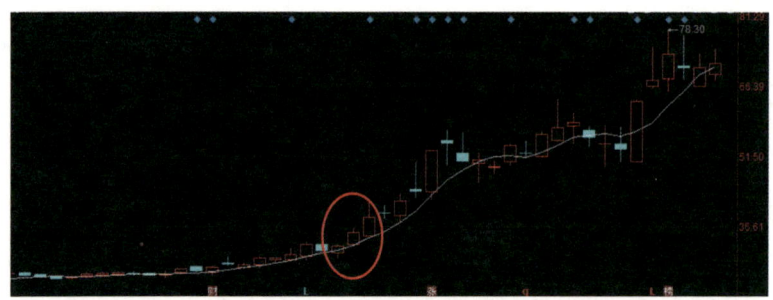

601595 上海电影（见下图）。

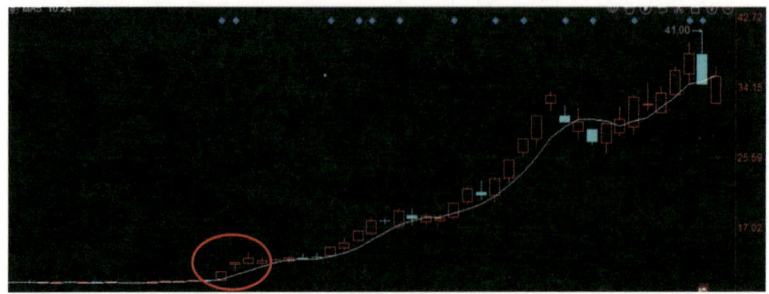

601949 中国出版（见下图）。

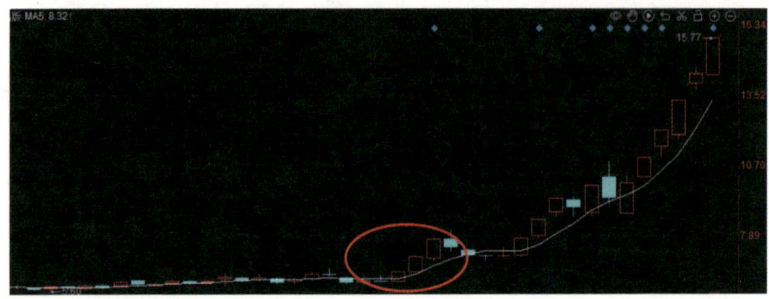

04

【第四招】"三金叉"买入法

【第四招】"三金叉"买入法

"三金叉"买入法：

(1) 首先是"成交量金叉"，5日均量线金叉60日均量线。

(2) K线图形的"日K线金叉"，5日移动平均线金叉24日生命线。24日移动平均线金叉72日决策线。日线图、MACD技术指标和KDJ技术指标都出现"金叉"形态。

(3) 周K线已经出现止跌信号，5周均线开始翘头向上金叉24周生命线。

通常我们所说的就是日K线、成交量线、MACD技术指标同时出现金叉买入信号，这样的信号才比较可靠。

炒股成功之"四心"：

(1) 等待机会出现的耐心；

(2) 机会出现时有辨别机会真假与大小的细心；

(3) 确认机会降临后能果断出击的决心；

(4) 判断出错后敢于迅速改正错误(补仓或止损)的狠心。

05

【第五招】"四线合一""一线金叉"

【第五招】"四线合一""一线金叉"

"四线合一"就是四条移动平均线基本上在同一条水平线上运行,形成一条比较粗的飞机跑道。

24日生命线、72日决策线、144日半年线、251日线都黏合在一起横盘很长一段时间,然后当24日生命线突破长期移动平均线的时候,就是最佳的中线买入机会。

"突破"就是上涨升浪的开始。我们要注意,一些重要的移动平均线在很长的横盘之中,经过主力机构吸筹、消磨散户意志的过程后突破向上,证明上涨周期开始了。这个时候是中线介入的机会,以后每次生命线受到支撑都是建仓的良机。

这种方法是中线高手进行中线投资品种筛选的方法,是我们在牛市选股方法当中最常用的技法。虽然很多投资者都知道要做多头的股票,但是在执行的时候却总是因为一时的冲动改变了想法。为什么你明明要买入经过详细研究和分析的股票,却买了一只知之甚少的股票?同样条件选出来的三只股票,为什么自己买进的一只没有理想的表现,其他的却快速大涨?这是因为你没有把自己想要的写下来。做交易这十几年,笔者养成了随身带笔记本和笔的习惯。你必须经过详细的分析和判断之后才可以做交易。把你的思路写出来,你才能知道得更清楚;把你用过的方法写出来,然后总结出最有效的方法。人的记忆力有限,一个人一瞬间的感觉也是不可靠的。只有经过详细的分析和长期的论证,找出对的思路和方法,才能在交易中获胜。

这一招"四线合一""一线金叉"寻找大黑马的方法，就是我交易这些年，总结出来的高胜率抓妖战法之一。

使用时要注意：

（1）在主力吸筹完毕，突破成本区或正好要快速脱离成本区的时候介入。

（2）上涨突破的时候一定要有成交量，而且不是一天放量，要持续三天以上放量。行情的下跌可以没有成交量，但是行情的上涨要有成交量配合才会比较长远。

（3）操作的时候要密切注意 24 日生命线的方向，一旦出现高位横盘，股价不再上涨，有上攻乏力的迹象，同时累计涨幅过大的情况要注意风险，先出货为妙，保住胜利果实。

所以我们的筛选条件为：一个月前 90% 筹码集中度小于 15%，股价放量突破颈线，24 日均线上穿 72 日均线、144 日均线及 251 日均线，非新股、非次新股、非 ST 股。

一个月前90%筹码集中度小于							
选出A股 1							
序号	股票代码	股票简称	现价(元)	涨跌幅(%)	集中度90(%) 2023.04.07	放量 2023.04.07
1	600749	西藏旅游	12.03	1.78	5.96	0.16

【第五招】"四线合一""一线金叉"

取一个月前符合这些条件的股票：西藏旅游（600749）近一个月的走势（见下图）：

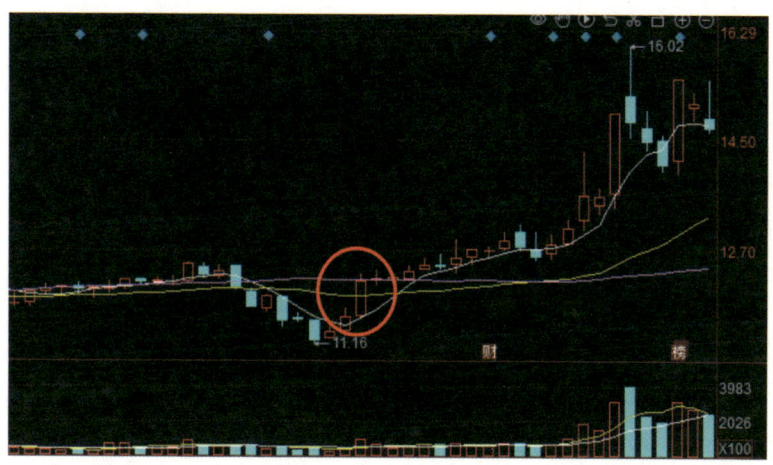

股价突破之后一路上攻，一波走出30%以上的涨幅。

06

【第六招】
"龙回头"买入法

【第六招】"龙回头"买入法

使用"龙回头"买入法操作是比较安全而且高收益的。当一只股票已经确定上涨趋势的时候，什么时候介入比较合适呢？大家都知道逢低介入，但是很少有人把这句话具体化。一只股票在上升途中出现小幅回调，底部受到支撑，此时就是最好的买入时机。选对了股票不一定能赚到钱，但选对股票又选对了时机，想不赚钱都难。实际应用中，很多庄家都用 3 天左右的时间来清洗浮筹，知道了这一点，我们就可以成功介入一些表现好的股票，从而在短期内获得收益。

实际操作时要注意以下五点：

第一，不是庄家出货阶段，不是大盘见顶阶段；

第二，底部位置筹码没有大量出逃；

第三，有比较好的图形特点，均线不会很散乱，不能有大幅放量；

第四，最好在生命线处缩量受到支撑，有下影线探底，然后回弹；

第五，调整第三个阴线收盘前介入，或者阴线后的第一个小阳线介入。

例如，601949 中国出版（见下图）。

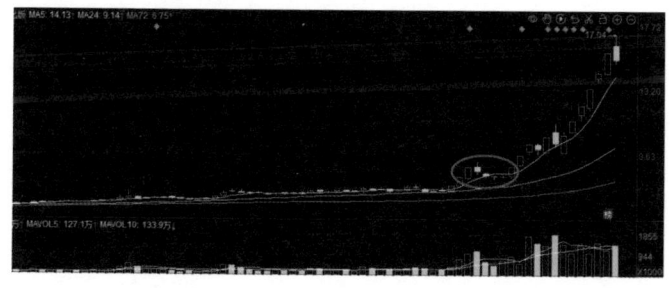

07

【第七招】"黄金坑"买入法

【第七招】"黄金坑"买入法

有时候，有些股票逆市上涨，而且非常顽强向上，但庄家为了清洗筹码，不让散户跟风赚钱，在加速上涨之前往往会出现一个震仓行为，这个形态就是"黄金坑"。这种图形的特点是股价收阴线。这类股票价格不一定要下跌，很多只是高开然后盘中大幅下跌，形成实际没有跌的"假"阴线，或者通过大幅波动形成"十"字线或"T"字线来吓唬散户促使投资者出逃，从而把筹码交给主力机构。

所以如果长期横盘的股票某天突然出现连续阴跌，成交量小幅放大，但是顶格筹码位置不变，并且当前价位上方没有太多的筹码堆积，则很有可能就是"黄金坑"，主力准备拉升，正在进行最后一次洗盘。此时积极介入，就能享受一波翻倍的乐趣！

例如，300308 中际旭创（见下图）。

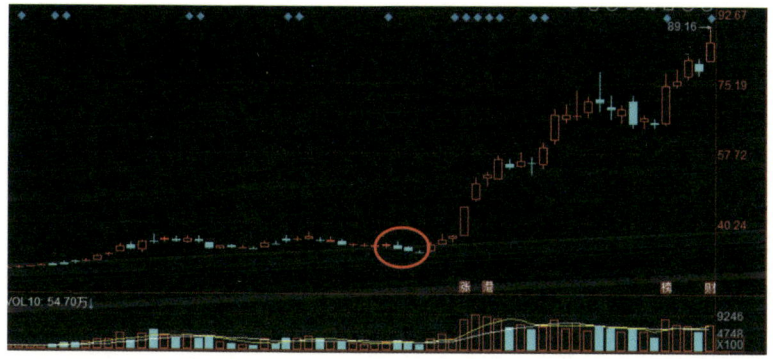

08

【第八招】借主力不费力"傍牛法"

会借力的人一定不会穷，炒股也是一样。那些已经进入上升通道，即将加速上涨的黑马，只要把这些趋势走强的股票统计出来，找出最强的几只，分析那些价格和成交量配合完美的，跟着他们进行操作，赚钱是可以肯定的。

如果您和世界首富合伙做生意，他赚大钱，你是股东，你自然也就赚钱。跟随赚钱的人的行动，就可以赚到钱。想成为富人，就要跟富有的人在一起；想抓涨停的黑马，就要跟涨停黑马在一起，也就是做最强势的股票；想每次都能抓住涨停，就要跟封涨停的人在一起，而散户是不可能有这个能力的，这也是笔者一直强调炒股跟庄的重要性的原因。踏着成功者的脚步，您可以缩短成功的时间。

搜索短线目标牛股：

第一步：强势股筛选。只看近一周涨停过的票。

第二步：在量比排行榜中，寻找量比放大 1.5 倍以上的股票，越大越值得关注。

第三步：筹码集中度小于 15%，有低于 10% 的更要重点看。

第四步：主力高度控盘。

第五步：剔除掉 ST 和 *ST 的风险股。

上述条件如获满足，再打开目标股的周 K 线，检查目标股的周 K 线 KDJ 是否刚刚低位金叉或正在强势区向上运动。如果是，代表获利机会来临；若出现误判，该股 5 日均线一旦走平、失去向上攻击的能力，就必须撤出。

这招"傍牛法"是短线投资者必须掌握的技法。只找上涨行情已经确立的黑马，虽然可能一个月也抓不到一两只，但是只要抓住一只，就是直接翻倍的行情。对短线投资者来说还是比较有利的。

例如，300502 新易盛 2023 年 3 月（见下图）。

例如，601858 中国科传 2023 年 4 月（见下图）。

09

【第九招】"波段操作"抓黑马

【第九招】"波段操作"抓黑马

一次游戏中,巴菲特的高尔夫球友们决定同他打一个赌。他们认为巴菲特在三天户外运动中,一杆进洞的成绩为零。如果巴菲特输了,只需要付出 10 美元;而如果他赢了,将可以获得 2 万美元。每个人都接受了这个建议,但巴菲特先生拒绝了。他说:"如果你不学会在小的事情上约束自己,你在大的事情上也不会受内心的约束。"

谢绝侥幸心理,做有把握的最有生产力的事情

波段操作:这是针对目前国内股市呈波段性运行特征的有效操作方法,虽然不是赚钱最多的方式,但却可以有效提高交易胜率。这种灵活应变的操作方式还可以有效回避市场风险,保存资金实力和培养市场感觉。波段操作比找黑马更为重要,在每一年的行情中都有主峰和主谷,峰顶是卖出的机会;波谷是买入的机会。波段操作很容易把握,这是对于大盘而言。很多个股具有一定的波段,我们对一些个股进行仔细研判,再去确定个股的价值区域,远远高离价值区域后,市场会出现回调的压力,这时候再卖出;当股价进入价值低估区域后,再在低位买入,耐心持有、等待机会,这样一般都会获取较大收益。

选股技巧:比较适合波段操作的个股,在筑底阶段会有不自然的放量现象,量能的有效放大显示出有主力资金在积极介入。因为,散户资金不会在基本面利空和技术面走坏的双重打击下蜂拥建仓,所以,这时的放量说明了有部分恐慌盘正在不计成本地

037

出逃，而放量时股价保持不跌恰恰证明了有主流资金正在乘机建仓。因此，就可以推断出该股在未来行情中极富有短线机会。

买入技巧： 在波谷时买入。波谷是指股价在波动过程中所达到的最大跌幅区域。筑底行情往往会自然形成某一中心区域，投资者可以选择在大盘下跌、远离其筑底中心区的波谷位置买入。从技术上看，波谷一般出现在以下位置：BOLL布林线的下轨线、趋势通道的下轨支撑线、成交密集区的边缘线、投资者事先制定的止损位、箱底位置。

卖出技巧： 波峰是指股价在波动过程中所达到的最大涨幅区域。从技术上看，波峰一般出现在以下位置：BOLL布林线的上轨线、趋势通道的上轨趋势线、成交密集区的边缘线、投资者事先制定的止盈位、箱顶位置。

持股技巧： 根据波长而定。波长是指股价完成一轮完整的波段行情所需要的时间。股市中长线与短线孰优孰劣的争论由来已久，其实片面地采用长线还是短线投资方式，都是一种建立在主观意愿上、与实际相脱钩的投资方式。投资的时间长短应该以客观事实为依据，当行情波长较长，就应该采用长线；当行情波长较短，就应该采用短线，要让自己适应市场，而不是试图让市场来适应自己。整体来看，市场总是处于波段运行之中，投资者必须把握波段运行规律，充分利用上涨的相对顶点，抓住卖出的机会；充分利用基本面的转机，在市场悲观的时候买入，每年只需做几次这样的操作，就会收获良好的效益。

【第九招】"波段操作"抓黑马

实例：我有位学员曾经多次35元到40元买入迈普医学（301033），在45元附近卖出，从2022年6月至2023年3月，共计操作5轮，总计盈利250%（见下图）。而从全周期来看，迈普医学股价仅仅从36元走到42元，涨幅16%。不一定要操作连续涨多少倍的股票才可以赚钱，其实赚钱很简单，只要方法正确。我们可以在底部确定回升的时候介入，在停止上涨的时候出来。这样来回操作是一种轻松获利的模式。

下图为迈普医学（301033）股价5轮涨幅图。

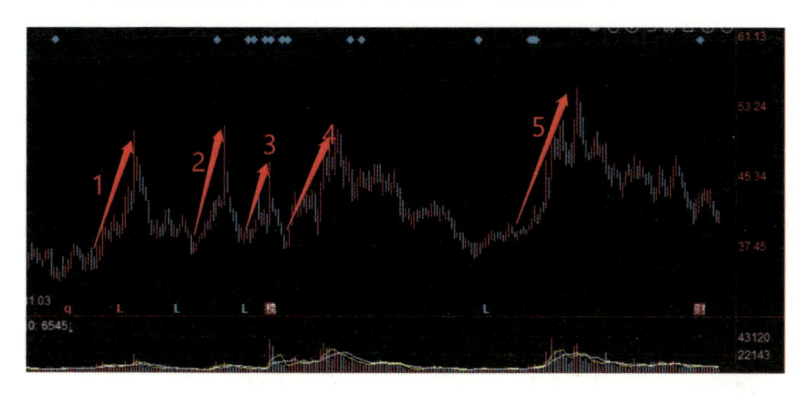

这也是一种最简单的炒股获利方法。无须盯盘，只要花点时间选好股票，设定好买卖点就可以了，值得没有太多时间的朋友借鉴。

10

【第十招】"两阳夹一阴"买入法

【第十招】"两阳夹一阴"买入法

此种买入法包括以下内容。股票刚刚确定上涨，股价沿着 5 日均线向上运行，出现连续 3 根以上阳线；确立上涨趋势之后出现回调，碰到 5 日均线受到支撑；第二天出现继续上涨的苗头，突破昨日阴线的收盘价；此时可以及时介入，等待进一步的上涨行情。

实际用这一招去选股时，有以下三点一定要注意：

（1）股价要处于历史低位附近，不超过 1/3 分位点；

（2）出现阴线时要缩量，成交量柱体在 5 日均量线以下；

（3）庄家不能有出逃，底部顶格筹码位置不变。

以上三点必须全部符合才可以进场。违反任意一点，马上放弃！

例如，唐德影视 300426（见下图）。先连涨 3 天，股价从 8.01 元涨至 9.20 元，涨幅 15%；随后出现阴线，跌至 8.05 元；阴线第二天接阳线，股价回涨至 8.1 元，可以果断介入，随后一波涨至 18 元，涨幅 122%。

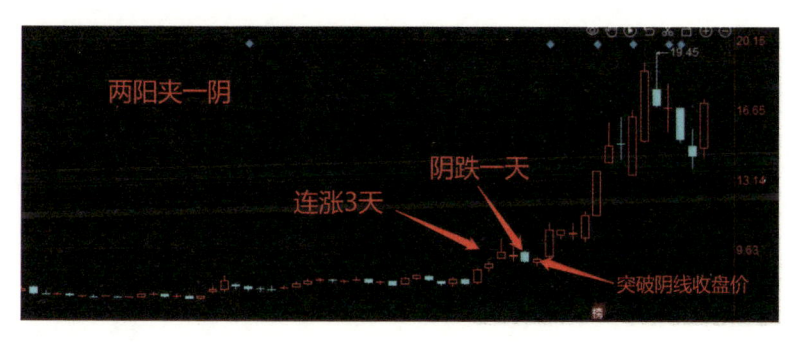

11

【第十一招】"早盘拉升"介入法

【第十一招】"早盘拉升"介入法

简单地说,"早盘战法"就是开盘的 5 分钟内,找到当天可能涨停的股票,直接买进,吃一个涨停板,第二天就跑,这样持续不断地循环操作。这一招对资金不多的普通散户来说,是毫无疑问的短线之王,也是小资金迅速做大的最快方法。

成功的早盘打板必须掌握四大技巧:

(1)选股时间在早上 9 点半以前。9:15 ~ 9:25 的集合竞价,真正的强势股往往都会有高开的趋势,竞价的时候大单和特大单的表现往往比较明显,如果集合竞价没有太大的亮点,当天涨停的概率就很低了。

(2)量能非常重要。能涨停的股票,一定有大单推动或者放量行为,尤其是早盘阶段,主力资金争相进场,才有可能快速拉到涨停。

(3)公司要有炒作的价值。公司规模不能太大,如中国石油,体量 1.4 万亿,股价拉上 1% 就需要百亿元级别的资金,显然不适合作为短期的炒作标的。当然也不能太小,市值 50 亿元以下的小盘股大多是游资最喜欢的标的,股价极度不稳定,不适合散户投资。

(4)公司营业正常。ST 股与 *ST 股直接剔除;近一年净亏损的直接剔除。

综合这四点,我们的选股条件为:涨幅在 3% 到 6%;换手率大于 4%;量比大于 1.6;流通市值大于 60 亿元小于 120 亿元;净利润大于 0;非 ST 股、非 *ST 股。

047

18套短线战法

选股结果：6只（见下图）。

序号	股票代码	股票简称	现价(元)	涨跌幅 前复权(%) 2023.05.11	换手率(%) 2023.05.11	量比 2023.05.11	a股流通市值(元) 2023.05.11	净利润(元) 2023.03.31
1	601208	东材科技	13.19	5.94	4.90	5.91	117.18亿	7,066.04万
2	600640	国脉文化	14.71	5.75	6.41	1.86	117.05亿	2,441.89万
3	688700	东威科技	99.59	5.70	9.59	4.00	88.98亿	5,055.51万
4	300793	佳禾智能	19.63	5.59	9.15	1.95	64.75亿	3,217.14万
5	000917	电广传媒	6.69	5.52	6.75	2.11	94.82亿	2,612.31万
6	603466	风语筑	16.02	4.57	5.43	1.66	95.54亿	4,411.69万

603466 风语筑，10:00 直接封死涨停（见下图）。

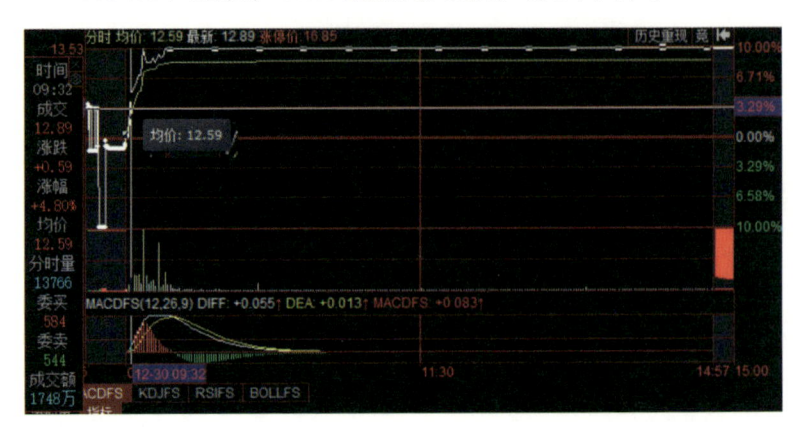

600640 国脉文化，9:45 探高，尾盘封涨停（见下图）。

048

【第十一招】"早盘拉升"介入法

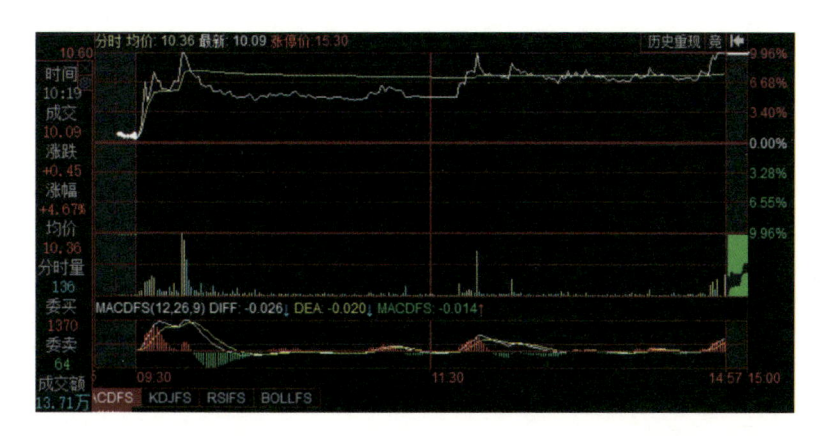

002965 祥鑫科技，开盘后一路上行，尾盘封板（见下图）。

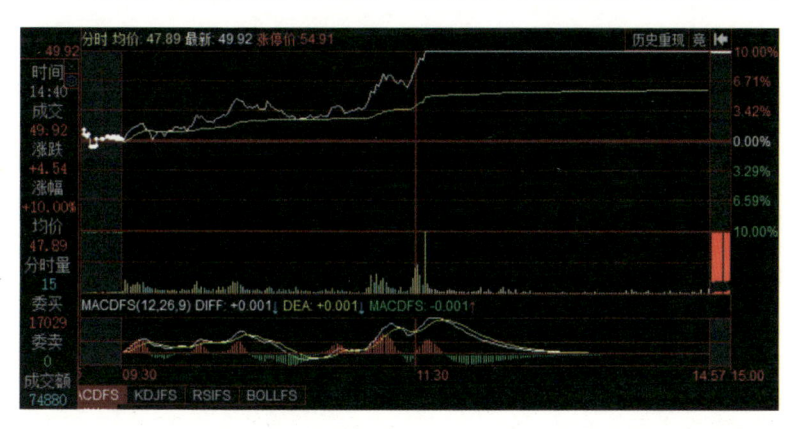

早盘作为每天交易最频繁的时候，也是当天股票最容易出现涨停的时候，利用指标进行多方面考核，搜索出来当天具备涨停趋势的股票。但是要注意，并不是每一只股票都一定会涨停，但是胜率相对较高。

049

12

【第十二招】连板主升浪战法

【第十二招】连板主升浪战法

股民朋友都知道，在大盘处于人气高涨的气氛下，一些比较强的龙头品种，很容易出现一波涨几倍甚至几十倍的"大妖"行情。其实这种情况不仅适用于大盘大涨时，在大盘横盘或下跌时，如果一只个股被大量资金争相炒作，同样会出现难得一遇的连板行情。

这里涉及股市的三大本质逻辑：

（1）只有资金吃掉了上方的筹码，股价才能上涨；

（2）能保持强一致性，推动股价上涨的资金不可能来源于散户；

（3）投资者参与股市的唯一目的就是自己获利。

通过以上三条，我们可以推演出股市主力的操盘逻辑：

（1）主力绝不会无脑拉升一只股票，需要有足够的关注度，才能有足够的外来资金辅助进行拉升；

（2）主力既要控盘股票保证拉升后的收益，又不能有太大的资金量押注一只个股，避免拉升后无法出货的风险。

由此我们可以总结，能够成"妖"的股票往往具有以下特征：

（1）相对低位启动的顶格筹码股（价格低）；

（2）个股前期有一段横盘区间（主力资金吸收了足够多的筹码）；

（3）流通市值小（易于主力拉升）；

（4）符合当前资金炒作阶段题材（便于吸引资金进入）。

综上所述，连板妖股一共有以下八大特征：

（1）选择某一类型的题材股进行操作，一般为当前盘面最强主流；

（2）流通盘在 10 亿元左右，不超过 50 亿元，不少于 5000 万元；

（3）底部横盘时间较长，利用横盘吸纳大量的筹码，便于拉升；

（4）筹码密集峰以顶格筹码为主；

（5）启动时具有突然性、爆发性；

（6）当天涨幅在 6% 以上，涨停最好；

（7）第一天启动时股价突破筹码密集区，获利比率在 90% 以上（越高

越好），成交量放大一倍以上；

（8）当日换手率在 10%~30%，换手率越高，后续上涨潜力越大。

例如，300972 万辰生物（见下图）。

2023年2月10日出现7.25%大阳线突破，此前半年均在11~13元价位横盘，各方面符合以上"妖"股八大特征。该股票启动后一路上行，股价从13元一路涨至45元，涨幅240%！

13

【第十三招】T字板战法

【第十三招】T字板战法

在炒股实战中，最暴利的模式莫过于打板，很容易就能捕捉到短线爆发黑马，随便抓住一只，就能超过长线几年的收益。而众多打板战法中，最激进、也最容易得到暴利的模式，就是抓T字板。

T字板为当天以涨停开盘，然后被大卖单砸下来，最后再封死涨停，形成一个"T"字形态的K线。这种涨停板的形成往往代表着主力已经不能容忍低位的散户筹码继续获利，所以必须通过炸板将散户洗出，以便后期能轻松地拉升股价。这种T字板一般都是上涨中继信号。

例如，000521长虹美菱（见下图）。

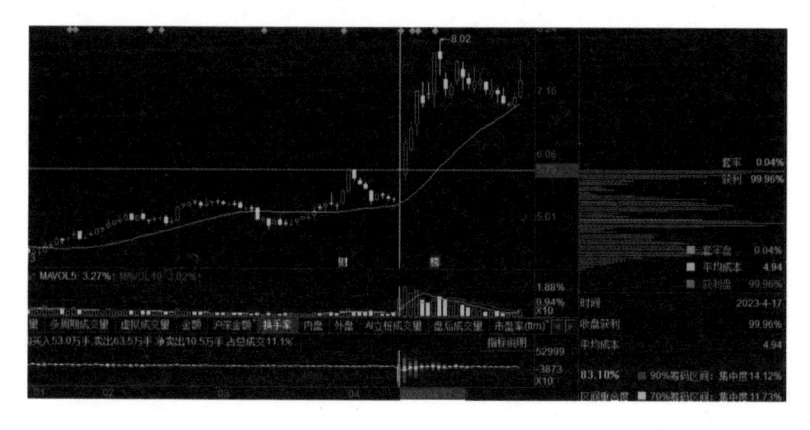

当然，并不是所有T字板都意味着主力洗盘。T字板同样可能代表着主力已经开始出货，但是为了避免资金大量出逃导致股价下跌过快，而自己进行护盘维持股价。这种类型的T字板的风险奇高，往往追进就被套在高位。

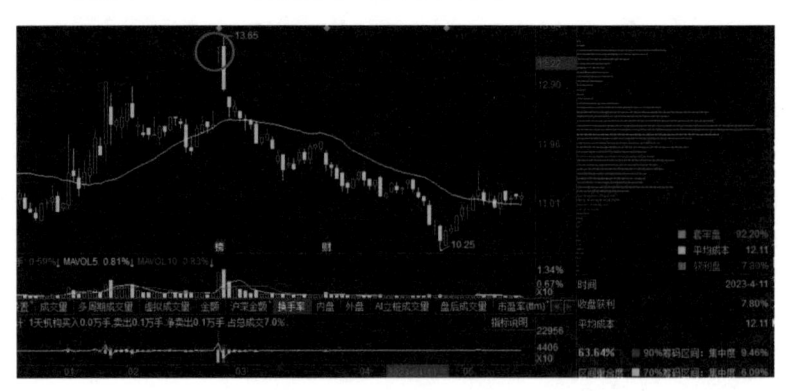

例如，000532 华金资本（见下图）。

想要提高打板的成功率和收益率，就要把这两种形态完全一样、意义却全然相反的 T 字板区分开。以下这六大条件缺一不可：

（1）当前主流题材的前排强势个股；

（2）流通盘都在 2 亿元左右，一般都不超过 5 亿元，不少于 5000 万元；

（3）筹码分布上，当日 T 字板涨停价格位置左右形成顶格筹码；

（4）筹码必须有一根顶格的直线，周围可附带一些筹码，代表主力抢筹；

（5）换手达到 30% 以上；

（6）T 字板当日成交放大，一般是 2 倍以上的量。

14

【第十四招】大阳抓涨停战法

【第十四招】大阳抓涨停战法

在所有 K 线形态中，最弱势的就是跌停板，其次是跌幅在 7% 以上的大阴线。当趋势呈现这种杀跌力度时，投资者的心态是最脆弱的。而如果第二天能够反手涨停，则呈现另一种极端，直接否定了前一天的大幅下杀，说明它的走势和资金实力是非常强劲的。

因此，传统坐庄理论认为，一段上涨趋势初期的首根大阴，通常为主力刻意洗盘，并因此存在所谓的"首阴"战法。所以，最好的位置必然是起涨行情初段的首阴后涨停反击。

选股条件：

（1）所属板块明显走弱的情形，应考虑规避；

（2）日线图中，前一根是跌幅超 7% 的阴线；

（3）当天是涨停板。前期是盘整行情，当下处于起涨不久（20 天内涨幅不超过 30%，股价还在 30 日、60 日均线附近）。

例如，605577 龙版传媒（见下图）。

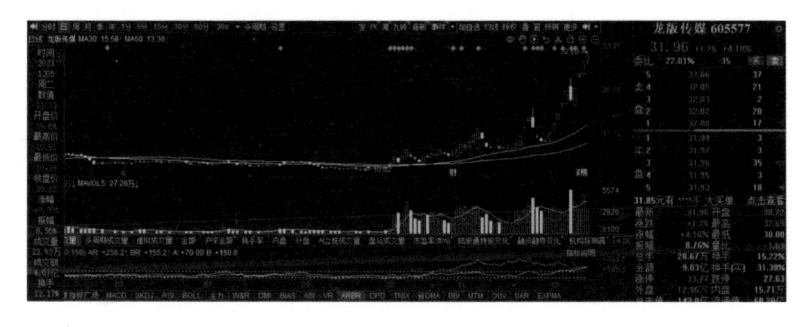

2023 年 10 月 12 日大阴线下跌 8%，10 月 13 日封涨停，随后两个月上涨 3 倍。

分析：

（1）传媒板块在 2023 年 10 月起处于走强状态，OBV 多头发散，可做；

（2）个股前面半年呈现趋势横盘震荡整理趋势，均线和成交量多头发散，处于起涨初期；

（3）10 月 12 日大跌位置，仍然在横盘震荡区间内，在涨停板拉回起到洗盘目的（见下图）。

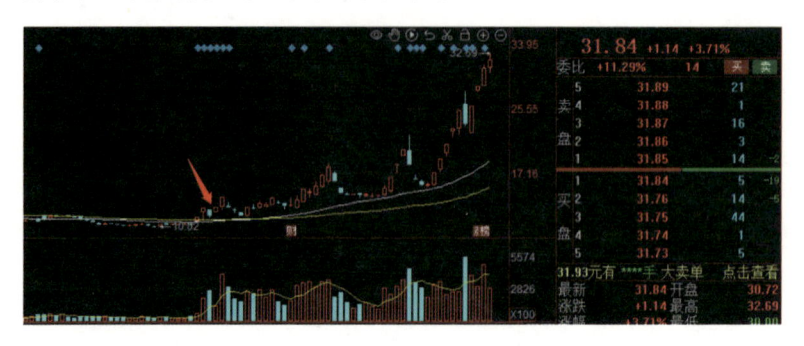

15

【第十五招】遍地黄金三角战法

【第十五招】遍地黄金三角战法

战法逻辑：三角形通常被称作"持续形态"，也就是上涨中继形态。波浪理论中的第4浪，也通常以三角形震荡的形式展开。所以，这个形态的选股成功率奇高，而且特别容易识别。

选股条件——对称三角形

（1）股价处于上涨途中，短期均线高度聚合，且逐渐向上发散。60日线、120日线多头向上。

（2）将对称三角形的两条边画出来，**上边向下收敛，下边向上收敛**。不算突破这次，每个边至少两个高低点吻合，间隔不得小于9根K线。

例如，603153上海建科（见下图）。

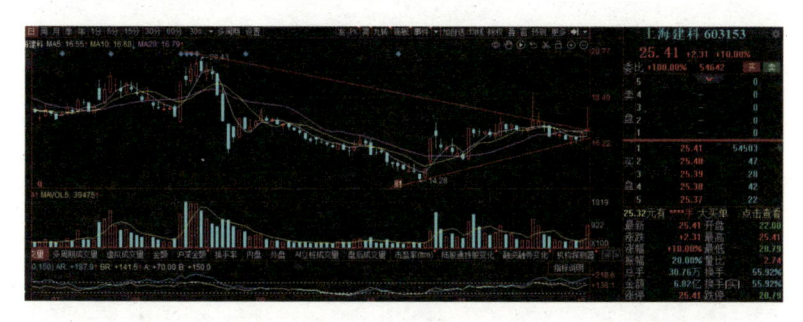

2023年12月5日出现对称三角聚合点，当天逢低买进，随后一周涨幅55%（见下图）。

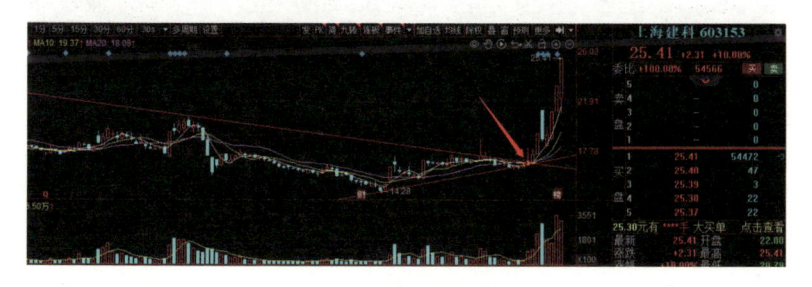

067

选股条件——**上涨三角形**

（1）股价处于上涨途中，短期均线高度聚合，且逐渐向上发散。60日线、120日线多头向上。

（2）将对称三角形的两条边画出来，**上边平行，下边向上收敛**。不算突破这次，每个边至少两个高低点吻合，间隔不得小于9根K线。

例如，603660苏州科达（见下图）。

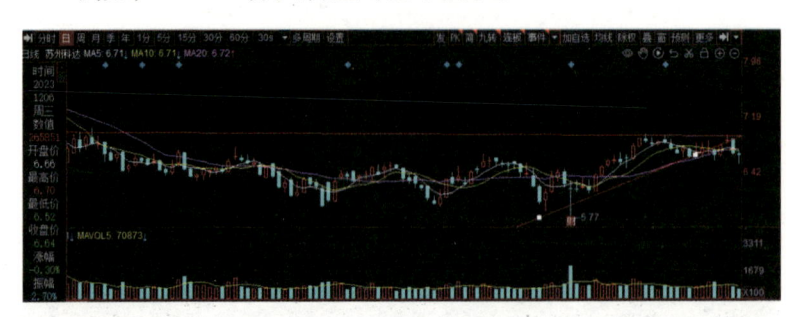

2023年12月6日出现上涨三角聚合点，当日买进，次日开始连板行情，周涨幅100%（见下图）。

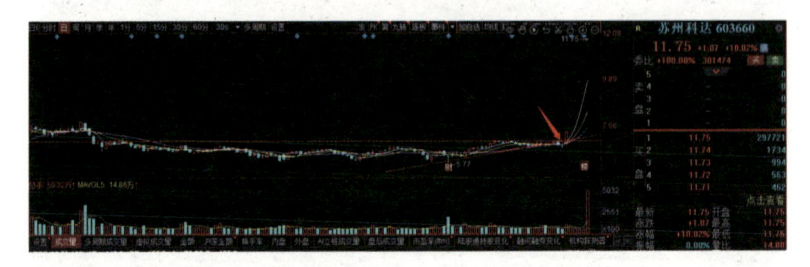

【第十五招】遍地黄金三角战法

例如，603721 中广天择（见下图）。

例如，603230 内蒙新华（见下图）。

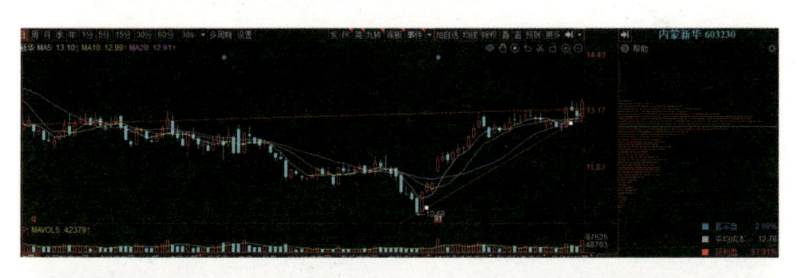

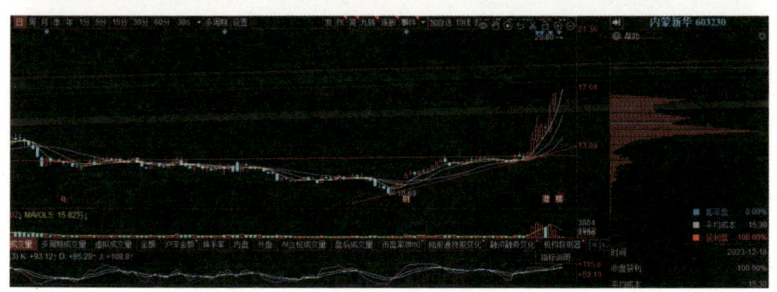

ated

16

【第十六招】空中飞仙战法

【第十六招】空中飞仙战法

"空中飞仙"有两种形态：平台突破、创新高突破。"空中飞仙"一旦出现，后面大概率就会产生连续涨停的暴利行情。

前提条件：

（1）股票处于上行通道；

（2）股价以收盘价为标准，股价向上突破阻力位，收盘价在阻力位之上，相对应的成交量放大；

（3）股价突破时，当天成交量大于前期高点相对应的成交量；

（4）在牛市中，突破量可以略微小于前高量；

（5）新股不与前三天的量比较。

平台洗盘结束的基本标准就是，一根放量的大阳线突破平台整理时的最高点，并且收盘时收在阳线收盘价在平台整理时的最高点之上。

选股有以下 8 个步骤：

（1）盘面强势，大盘强势或板块热门；

（2）高开幅度，2%~5%（一般选择沪深主板股票）；

（3）盘子的大小，不大于 100 亿元；

（4）股价处于底部区间，价格处于近一年底部 1/3 分位点以下；

（5）后量超前量，股价突破当天成交量放大 1.5 倍以上；

（6）买入日量比的大小，越大越好；

（7）个股趋势，处于上升通道，均线多头排列，个股站在均线之上；

（8）分时形态，回调不破均价线，在均价线附近买入。

"空中飞仙"的选股和买卖计划：

时间，收盘后选股；

选股，在当日涨停个股中选择量价齐突破的个股加入自选关注；

买入，符合"空中飞仙"形态和开盘选强的10点要求则可以买入，如若错过买点，不要追涨；

仓位，短线控制在1成内，短线操作考验技术+盘口，同时持仓的个股

总数不超过5只；

止盈，买入当天涨停，第二天继续涨停持有，开板就卖出或者减仓，买入当天涨停，第二天不涨停，逢高卖出或者减仓，买入当天不涨停，第二天冲高卖出；

止损，买入当天不涨停，第二天止损位是前一个涨停板一半的位置；

注意，"空中飞仙"的个股有概率连续涨停成为龙头，连续涨停的个股要减仓而不是全部卖出。

例如，600266城建发展（见下图）。2023年7月25日，高开4.1%，日内涨停，符合"空中飞仙"选股形态，适合买入。

【第十六招】空中飞仙战法

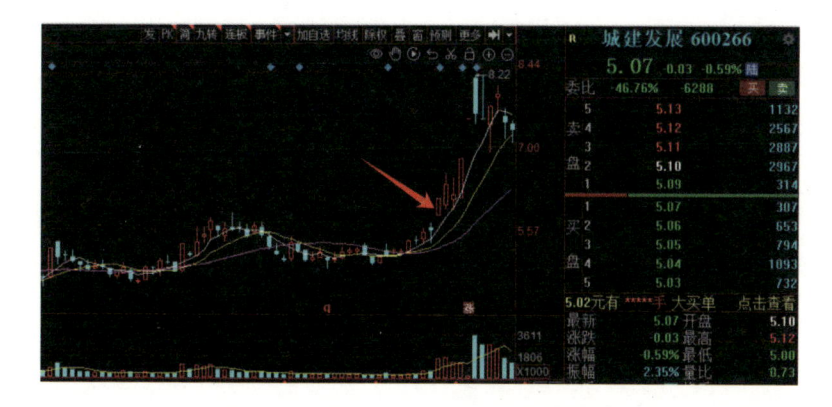

买入后一周涨幅43%，获利了结（见下图）。

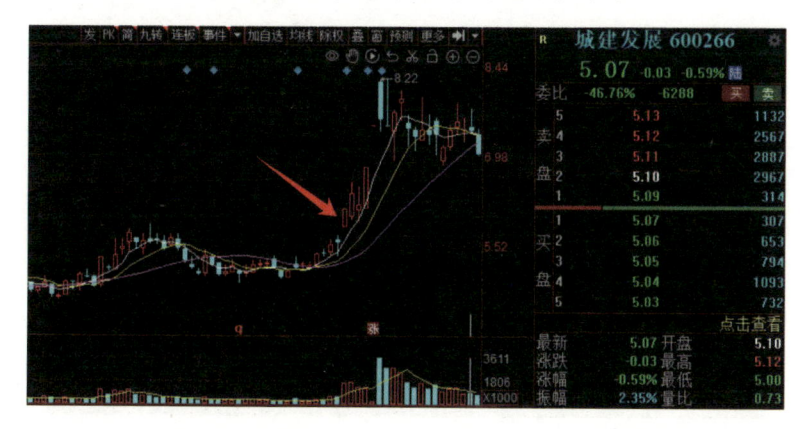

例如，300364中文在线。2023年11月6日出现"空中飞仙"，当日封板，随后一周涨幅83%（见下图）。

075

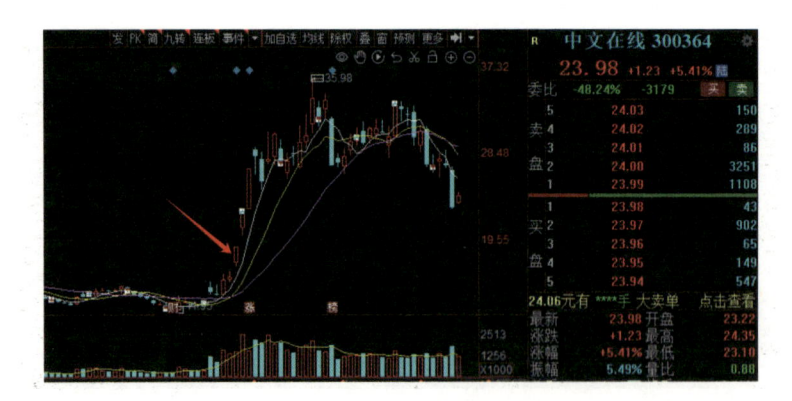

例如，000628高新发展。2023年9月26日出现"空中飞仙"，配合消息面刺激，迎来一波11连板（见下图）。

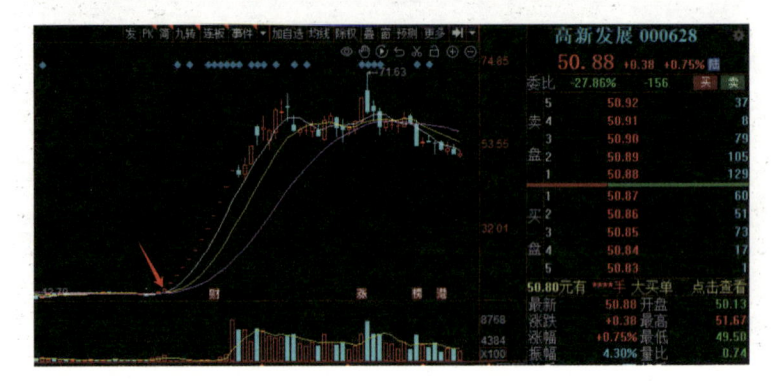

17

【第十七招】短线战法：回头望月

【第十七招】短线战法：回头望月

股市里有一个非常重要的"龙虎榜"概念，一般代表着当前市场最活跃、最强势的资金偏好，包括机构资金和游资。所以，从上榜个股里很容易找到短线强势股。通过龙虎榜数据，可以很直观地看出主力的买卖动向，可以给我们选择个股提供重要参考。

历史上强势股基本上都是从第一板、第二板就开始有龙虎榜数据了。所以掌握龙虎榜的基本知识，看懂龙虎榜，从龙虎榜中寻找具有继续上涨潜力的个股对我们实战来说具有非常重要的意义。这也是我们"回头望月"战法的精髓所在。掌握龙虎榜背后的信息，快速从中搜索到已经经历过一轮上涨和回调，但仍具有上涨潜力的个股。

龙虎榜的上榜条件：

（1）数字日价格涨、跌幅偏离值达到7%；

（2）日价格振幅达到15%；

（3）日换手率达到20%；

（4）连续三个交易日内收盘涨、跌幅偏离值累计达到20%；

（5）ST、*ST和S证券连续三个交易日内收盘价格涨、跌幅偏离值累计达到15%（深市12%）；

（6）无价格涨跌幅限制。

龙虎榜的价值，利用龙虎榜进行分析资金流向：

（1）对比买卖双方席位资金总量：若买入席位资金总量＞卖方席位资金总量，说明资金吸筹较多，后市继续上涨概率大；若买入席位资金总量＜卖方席位资金总量，说明抛压较大，短期继续上涨概率降低；尤其是龙虎榜持续显示资金净买入或者净卖出，那么上涨或者大跌的可能性将会被成倍放大。

（2）对比买卖双方资金结构：上涨判断时，买一席位要明显大于卖一席位；下跌判断时，卖一席位要明显大于买一席位；同时，主攻席位相差不能太大，否则很容易造成一家独大，形成潜在砸盘力量。

龙虎榜选股的基本方法：

（1）龙虎榜跟踪：所谓的跟踪就是每天将龙虎榜前净买入额的前15只个股加入自选进行跟踪。

（2）看席位：观察这些上榜个股是机构买入还是游资买入。越多机构席位大量买入，后期行情越可期，若游资买入则有可能是一日行情或是波段行情。若机构和游资同时看好某只或某几只个股，那么后期拉升的概率较大。机构和游资的知名度也是我们追踪的因素之一，我们在这里可以把机构和游资共同净买入放到后首位。

（3）比量能：在初步缩小我们的选股范围以后，我们可以将当日或是几日的净成交量进行排名。其中机构席位的量越大越好。

（4）看板块：在进行了交集选股、量能排序、机构或游资数量及知名度排名之后所剩的个股，我们可以进行板块联动划分，找出该板块近期的政策面及消息面的新闻进行参考，再为我们做进一步的决定提高准确率。

（5）个股技术面分析，确定最终个股。

18

【第十八招】
像机构一样获利

一、机构定义

机构是指资金量大、信息灵通,在关键时刻肩负使命,能力挽狂澜、制造行情、主宰大盘或个股的涨跌,使其朝着有利于自己利益的方向运转,以及对政治、经济、公司、行业、题材、信息、散户心理、盘面状态等诸多方面进行全面了解、细心分析、详细计划、精心准备的超级大户。

二、散户生存之道——向机构学习

(一)组织机构的不同

散户:单兵作战。

机构:团体协同(策略部、交易部、风控部、宣传部等)。

(二)思维模式的不同

散户:追求不稳定交易,快进快出投机。

机构:投确定性好的公司,长期性的投资。

(三)行为准则的不同

散户:追龙头、追热点、高位买低位卖、止损割肉。

机构:严格操作策略,确定的目标坚决执行。

(四)资金管理的不同

散户:没有资金管理。

机构:针对短、中、长线操作,有多种资金管理方法。

(五)心态控制的不同

散户:以涨喜,以跌悲,被涨跌控制情绪。

机构:不以涨跌影响情绪,以交易计划控制行为准则。

三、散户生财之道——做机构式交易

（一）资金管理是魂

机构资金配置模式——短线投机∶中线交易∶长线投资＝1∶2∶7。

（二）不同股票有不同的操作模式

短线投机：技术＋盘口＋热点；高胜率战法、小仓位、严格止盈止损、快进快出。

中线交易：技术＋基本面＋盘口；趋势交易、T+0 操作、轻仓位、高抛低吸做波段。

长线投资：政治、政策、基本面、技术、资金，寻找确定性机会选好股、低位买、长持有、重仓位。

四、如何像机构一样进行交易

（一）建立像机构一样的思维模式

投资心法："领袖"思维，帮助我们取得成功的团队、资金和技术。

投行思维：一切都可为我所用。

所谓投行思维，其本质是一种多维度的商业智慧，是基于对商业资本核心属性的极致洞察。它将各种有形与无形资产的所有权及使用权、抵押权、租赁权、分红权等其他全部衍生可支配权益进行深度价值发现，挖掘其中被忽视或被低估的价值洼地，并通过使用金融手段将资产的各种权益进行契约映射，使其转化为高度流动性形态，以快速进行合约式及份额式的虚拟化交易。其表现为卓越的商业模式重构与内部外部资源重组支配能力，并最终实现资产的高效增值与所有者权益的极度最大化。

创新思维：不破不立。

（1）逆向思维——从结果推过程；

（2）发散思维——没人做过的才是机会；

（3）否定思维——我是散户，我是错的；

（4）物极思维——物极必反；

（5）多路思维——换个角度看问题；

（6）破位思维——不破不立。

财富思维：都是我的。

（二）机构的行为准则：实战运作模型

（1）建立强大的投资团队：策略部——研发团队（实地调研、投资策略）；交易部——操盘团队（交易计划、实战操盘）；风控部——风控团队（控制风险、止盈止损）；宣传部——公关团队（加强沟通、上传下达）。

（2）遵循四项基本原则：顺势而为——环境面选势；强势股至上——基本面选股；把握机遇——政策面选时；精准买点——技术面选点。

（3）保持特色投资理念：选股宜急、研究宜缓、买入宜迟、了结宜速；以正合，以奇胜（投资组合）；体、面、线、点；

以我为主、上下联动、左右逢源；全面撒网、重点捕鱼；上、中、下打通；忍、等、狠；知己知彼，百战不殆；个人永远干不过团队。

（三）机构的投资纪律：管理原则

（1）趋势为王：大资金永远投向最赚钱的地方。

（2）保命第一：2%止损原则。

（3）仓位管理：2、1、3、2、2模式。

（4）选对股票：低位买，长持有。

（5）资金效率：1∶3∶6法则

附：超短线技术——操盘 18 条规则

关于股票的一般忠告：

超短线技术——18 条操盘规则

（1）没有股神，一切唯有靠自己。股市不相信眼泪。

（2）没有后悔药，行情不可能重新来。

（3）想翱翔天空，飞行员没有数百小时的地面训练，可能吗？"篮球天王"乔丹没有每天投球训练，能成为 NBA 冠军吗？要想得心应手，操盘手没有数千小时的看盘、复盘、研究资料、总结心得，可能吗？不是你本事不够，是你的实践量不够大。

（4）兴趣是最好的老师。人在股市，只有痴股才最容易悟道。

（5）胜兵先胜而后求战，败兵先败而后求胜。买卖之前要做全面的计算和权衡。

（6）买入之前，至少给自己开列 5~10 条买入的技术面、基本面等理由，先让自己信服，没有十足的信心就不买入。

（7）首先要在不可能亏钱的时机买入，然后等待敌人可以被自己战胜的机会。

（8）安全的地方、安全的价位，要敢于满仓，像狮子一样大开口，像鲸鱼一样吃小虾。

（9）危险的地方，要严于自制，决不轻易火中取栗，决不贪心，所谓"危邦不入，乱邦不居"。

（10）股市形势不明的时候，生存才是第一任务，一定要有资金"预备队"，万万不能全部满仓。

（11）要善于空仓等待。

（12）确认风险来临，需要虎口逃生的时候，你要有壮士断腕的勇气。

（13）勇气的表现只有一个：行动。

（14）炒股要讲纪律。长线不做成短线；短线不做成中长线；到了事先确定的止盈/止损位就一定要执行。

（15）有的时候，不做比做好。

（16）股市里最大的敌人是自己；股市里最重要的事情，是超越自己。

（17）成功的投资人，要有政治家的眼界、经济学家的理论、银行家的头脑、投资家的耐心、军事家的胆魄和决断。没有完美的人格，难有完美的业绩。

（18）不在压力之下投资。决不借钱炒股，不代人炒股。